Hanf im Glück

Erstausgabe
1. Auflage, Oktober 1996.

Copyright © 1996 bei Zweitausendeins,
Postfach D-60381 Frankfurt am Main.

Herstellung und Gestaltung: Eberhard Delius, Berlin.
Satz und Repro: Theuberger, Berlin.
Farblithos: Steidl/Schwab Scantechnik, Göttingen.
Druck und Bindung: Steidl, Göttingen.

Dieser Band wurde gedruckt auf mattgestrichenem
Hanfkunstdruckpapier, das aus 50 % Hanf Cannabis
sativa und 50 % deinkter Altpapierfaser besteht.
Für das Vorsatz wurde Cannabis pur (100 % Cannabis)
verwendet und der Überzug wurde auf Cannabis
melange (30 % Cannabis-Anteil) gedruckt. Das
Kapitalband und das Leseband wurden aus ungefärbter
und ungebleichter Baumwolle gefertigt.

Dieses Buch gibt es nur bei Zweitausendeins im Versand
(D-60381 Frankfurt am Main, Postfach) oder in den
Zweitausendeins-Läden in Berlin, Düsseldorf, Essen,
Frankfurt, Freiburg, Hamburg, Köln, München,
Nürnberg, Saarbrücken, Stuttgart.

In der Schweiz über buch 2000
Postfach 89, CH-8910 Affoltern a.A.

ISBN 3-86150-201-1

Inhalt

WARNUNG!

Läßt du dich auf dies Büchlein ein,
wirst du nie mehr derselbe sein,
der du grade noch gewesen,
vorausgesetzt, du tust es lesen.
Mit diesem Buch, ganz ohne haschen,
wird dir dein Gehirn gewaschen,
gespült und gründlich eingeweicht,
so daß es ein paar Jahre reicht.

ZUM GELEIT

Unterdrückt und unterschätzt
war die Pflanze Hanf bis jetzt.
Zehntausend Jahre unentbehrlich,
gilt sie bei uns heut als gefährlich!
In einem Topf mit harten Drogen:
Das ist nun wirklich glatt gelogen.
Hanf ward zum Unkraut degradiert,
sein Nutzen wurde ignoriert,
obwohl als Rohstoff unvergleichlich,
und vom Ertrag her wirklich reichlich.
Holen wir ihn uns zurück,
dann ist er wieder Hanf im Glück!

Hätt es keinen Hanf gegeben,
wär die Menschheit nicht am Leben!
Es gäb nicht die geringste Spur
von Entwicklung und Kultur,
und der Herrgott säh von oben
höchstens schleimige Mikroben.
Doch wir, die diese Worte schreiben
wollen nicht so übertreiben:
Auch ohne Hanf, so schätzen wir,
gäb es Pflanzen, Mensch und Tier.
Doch was für Menschen, lieber Himmel!
Es wär nur sinnloses Gewimmel,
man schlüge sich ums liebe Brot

gegenseitig einfach tot,
und niemand hätt auch nur nen Dunst
von Ethik und Moral und Kunst.
Die da meinen: So ist's heute!
Denen sagen wir nur: Leute,
natürlich ist der Mensch verrückt,
solang der Hanf noch unterdrückt!

Mathias Bröckers, Dr. THC.
Gerhard Seyfried, Dipl. Inhaloge

HANF IM GLÜCK

Sein Gold gab für ein Pferd der Hans,
dann für die Kuh, das Schwein, die Gans,
und diese tauschte er dann ein
für den Scherenschleiferstein.
Doch trug er den nur kurz ein Stück,
er warf ihn weg und fand sein Glück!

Er war kein Trottel, dieser Mann,
kein tumber Tor, kein Schlendrian;
er war ein kleiner Heiliger,
ein Wandermönch, ein eiliger,
der wußte, daß der Sinn der Welt
nicht in Gold liegt oder Geld.

Loszulassen von den Dingen,
zum Eigentlichen durchzudringen,
nicht anzuhaften an dem Tand
mit Seele, Körper und Verstand,
das ist's, was Meister Hans uns lehrt,
und was uns auch der Hanf beschert.

Denn auch dieser ist ein Meister
im Reich der guten Pflanzengeister,
und als Königin der Pflanzen
liefert Cannabis im Ganzen
mehr als jedes andre Kraut,

das auf Erden angebaut.
Doch die Vielfalt all der Sachen,
die sich daraus lassen machen,
all der Reichtum, all die Fülle
sind für sie nur eine Hülle,
ein Spielchen mit dem Materiellen
und letztlich auch hintan zu stellen.
Der Pflanze eigentlicher Zweck
ist der reine Butterweck,
der Buddhaweg auch wird genannt:
Im Hier und Jetzt sei stets entspannt
und dann schwebe lächelnd fort
rüber in das Dann und Dort!

HANF IM PARADIES

Am Anfang stand, ihr wißt es ja,
zuerst die Drogenrazzia,
als Gott, der Herr des Paradies,
die Menschen aus dem Garten wies,
weil sie dort verbotnerweise
genossen von der Götterspeise,
die ganz herrliche Gefühle,
und sogar ein wenig schwüle,
im menschlichen Bewußtsein weckte,
was dem Herrgott gar nicht schmeckte.
Neid verzog ihm das Gesicht
und ER rief: Das duld ICH nicht!
Daß euch gleich der Teufel hol!
ICH hab hier das Monopol
auf die wirklich scharfen Sachen,
die mich high und heiter machen
und die meine grauen Zellen
durch und durch mit Licht erhellen!
Deshalb war auch streng verboten
zu berühren mit den Pfoten
dieses ganz besondere Kraut,
das ER selber angebaut.
Auf Übertretung stand für jeden
Sofort-Verweis aus Garten Eden:
Fortan sollt ihr im Jammertal,
mit Mühe, Kummer, Schweiß und Qual

eure Kräuter selber schaffen,
statt mir hier alles wegzupaffen!
Und so endete der Tag
mit Hagel, Blitz und Donnerschlag.

Seits mit dem Paradies vorbei,
fing sie an, die Schufterei,

und lange suchte man vergebens
nach dem echten Baum des Lebens,
der nicht als Mythos phantasiert
sondern wirklich existiert.
Als Pflanze, die all das kann geben,
was der Mensch so braucht zum Leben.
Die als Nahrung stärkt den Magen,
deren Kleidung gern getragen,
die Material zum Wärmespenden
liefert, und zum Bau von Wänden.
Die Lampenöl und Schreibpapiere,
Farben, Lacke, Wagenschmiere,
jedoch auch zarte Babycreme
gegen Ausschlag und Ekzeme,
die all dies bringt und nebenei
auch noch die wertvollste Arznei
gegen Übelkeit und Krampf,
die gegen Asthma hilft mit Dampf.
Die spendet Segeltuch dem Schiffer
und Hochgenuß für jeden Kiffer,
die liefert Seile für den Henker.
Hirntreibstoff für die Dichter, Denker.
Aus ihrem Zellstoff kann man machen
weit über fünfzigtausend Sachen,
von bio-kompatiblen Mäusen
zu abbaubar'n PC-Gehäusen,
Dinge, die wie all die andern,
am Ende auf den Kompost wandern.
Aus diesem wachsen neue Pflanzen:
Der Kreislauf rundet sich zum Ganzen!

Es gibt kein Kraut auf dieser Erden,
aus dem so viele Dinge werden.
Zu lange war es unbekannt:
Cannabis – Hanf – wird es genannt.

HANF IN DER STEINZEIT

Vor langer Zeit, es war einmal,
in Flintstone im Neandertal,
da hatten die Nomaden
genug von Steppenpfaden,
vom Wandern und von Gehbeschwerden,
sie wollten endlich seßhaft werden.

Doch wenn man blieb an einem Ort,
waren die Vorräte bald fort,
die Beern gepflückt, das Wild erlegt,
worauf sich schnell der Hunger regt.
Da dachte die Nomadenfrau:
Uns bleibt nur noch der Ackerbau!

Doch welche Pflanze baut frau an,
wenn mensch das überhaupt nicht kann?
Am besten doch wohl eine,
die wächst ganz von alleine
und möglichst alles unterdrückt,
was wuchert, rankt und beißt und zwickt,
die ohne Arbeit jeden Tag
am meisten bringt auf einen Schlag.
So sind, so wird es angenommen,
die Menschen auf den Hanf gekommen.
Wo immer sie sich niederließen,
kurz darauf Haschischfelder sprießen.

Dank Hanf wurd der Nomade schlauer
und entwickelt sich zum Bauer,
das heißt, nimmt man es ganz genau,
war's eher die Nomadenfrau.
Das Fellkostüm wird jetzt zivil,
Madame trägt ab sofort Textil.

Schon aus den Bekleidungszwecken
muß man sich mit Hanf eindecken.
Dazu kam dann die Erfahrung,
daß die Samen Vollwertnahrung
und das Öl gut für die Haut,
drum wurde noch mehr Hanf gebaut.

Von China bis nach Eschnapur
herrscht bald weltweit Hanfkultur,
und vielen Völkern war es klar,
daß diese Pflanze heilig war
und ein Gott sie hinterließ,
für den Verlust des Paradies.

Gut war Hanf, ihr könnt es ahnen,
auch für Heiler und Schamanen.
Ohne Hanfdampf kein Gequakel
aus dem delphischen Orakel.
Global entstanden Religionen
befeuert von den Hanf-Visionen.
Nur in Eleusis lag man vorn
und nahm dort gleich das Mutterkorn.

HANF IM ALTEN ÄGYPTEN

Der Pharao winkt mit dem Finger:
»Los, bringt mir diese Räucherdinger!
Das Zeug, das so vergeßlich macht –
wie heißt es gleich?« Der König lacht,
und alle Diener lachen mit.
Das Zeug, das heißt natürlich Shit!
(Freilich sagten sie's ägyptisch,
das wird uns aber jetzt zu kryptisch.)

Schon kommt des Pharaonen Pfeife
und Libanon, von hoher Reife!
Rauch umwölkt Echnatons Krone,
das Zeug ist wirklich gar nicht ohne,
hat Nofretete ihm versichert.
Der Pharao sitzt da und kichert.
Alle Diener kichern mit:
»Höllenzeug, Herr, dieser Shit!«

Echnaton spricht mit trockner Kehle:
»Höre, Volk, denn Ich befehle:
Daß Jedermann dies rauchen muß,
denn es ist ein Hochgenuß!«
Seinen Wein jedoch, den gießt er
in den Schoß der Hohen Priester:
»Fort mit diesem Teufelstrank!
Er schmeckt nicht und er macht mich krank!«

Die Priester rufen voll Entsetzen
»Herr! Das Gewand müßt Ihr ersetzen!
Zehn Talente hat's gekostet,
weil es bunt ist und nicht rostet!«
Der Pharao ist voll der Güte:
»Na gut. Ihr kriegt auch neue Hüte
aus Hanf, und obendrein noch Schuh,
dann aber laßt ihr mich in Ruh
mein Wasserpfeifchen hier genießen,
sonst muß ich euch nochmal begießen!«

(Tempelinschrift. Karnak, 1340 v. C.)

HANF IM HIRN

Außerm Pilze, der die Weisen
im Bewußtseinraum ließ reisen,
war Hanf, und das ist nicht gelogen,
die älteste der Menschheitsdrogen!
Wie Hanfes Wirkung ward entdeckt,
bleibt im Urnebel versteckt.
Vermutlich heizte man die Höhle,
und euphorisches Gegröhle
war das Ergebnis von dem Rauch –
doch anderes ist denkbar auch.
Wie auch immer es passierte,
daß man den Hanfrausch ausprobierte,
ob rauchend oder ob oral,
die Wirkung war phänomenal!

Wie wirkt nun Hanf, wenn man ihn raucht,
und warum wird er gern gebraucht?
Der Hanf enthält das THC,
das high macht, und es tut nicht weh.
Es macht dich seltsam in der Birne,
besonders im Bereich der Stirne,
und du spürst nach kurzer Zeit:
Das THC, das macht dich breit!
In deinem Hirn fühlt jede Windung:
Das Zeug verstärkt meine Empfindung!
Hast du Lust, etwas zu essen,
bist du gleich wie wild am Fressen!

Lauschst du aber der Musik,
wirst du ganz berauscht vor Glück!
Ob Arbeit oder Liebesspiel,
so intensiv wird dein Gefühl,
daß du alles neu entdeckst:
Das Cannabis hat dich verhext!

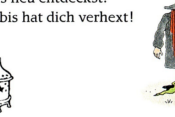

Dein Denken macht es ganz verschroben,
die Weltanschauung wird verschoben,
im Kurzgedächtnis löscht es Daten,
und dann hilft es dir beim Raten.
Stark wirkt es auf die Phantasie:
Die macht es bunt und wirr wie nie.
Deine Nervenschaltzentralen
empfangen gänzlich neue Zahlen,
die dein Körper kaum gekannt:
Du bist durch und durch entspannt!

Nachtigall, ick hör dir trapsen:
Der Hanf verstellt dir die Synapsen
und verursacht ein Gewitter
der neuronischen Transmitter!
Er geistert durch die Großhirnrinde
und macht dadurch den Mann zum Kinde,
oder macht die Frau zum Mädchen,
durch Verstellen kleiner Rädchen.

Glaub es, wenn wir dir versichern:
Jeder Quatsch bringt dich zum Kichern!
Das liegt an den Anandamiden,
die Wonne, Seligkeit und Frieden
in deinen Nervenbahnen stiften
und dich keineswegs vergiften.
Denn dein Gehirn, es kennt sie schon:
aus der Eigenproduktion!

Inzwischen sind die Augen rot
vom Blutdruck-Überangebot,
und trocken wird's in deinem Mund.
Doch ist all dieses noch kein Grund
zum Arzt zu gehn, zu Dr. Diehl,
der doch nur sagt: Kiff nicht so viel!
Drum hau dich einfach in die Falle,
du fühlst dich weich wie eine Qualle.
Oder trinke einen Kaffee,
aus Tasse, Glas oder Karaffe,
guten Kaffee, keinen Pfusch!
So empfiehlt es Wilhelm Busch!

**WIRKUNG VON HANF
AUF DIE MÄNNLICHE PHYSIOGNOMIE**

HANF ALS HEILER

Doch nicht alleine zum Vergnügen,
um kichernd auf dem Bauch zu liegen,
wurde THC verwendet,
noch weil es ohne Kater endet;
noch höher als die Spaß-Schlawiner
schätzten es die Mediziner!
Ja, lange war es ihr Idol,
das Tetra-Hydro-Cannabinol.

Die Wirksubstanz der Hannef-Blüten,
die die Raucher drehn in Tüten,
stand in bestem Ruf bei Ärzten,
weil sie linderte die Schmerzen,
Körper, Seele, Geist entspannte,
Übelkeit perfekt verbannte,
bei Menschen Appetit anregte
und sie in den Schlaf bewegte.

Hanf half den Müttern bei den Wehen
und Sterbenden beim Von-uns-gehen,
war im Gebrauch als Medizin,
noch mehr als heute Aspirin.
Landauf, landab war wohl bekannt,
daß Hanf den Geist und Leib entspannt.
Die Heiler ihm das Loblied singen
von China bis zum Rhein nach Bingen,

wo einst die heil'ge Hildegard
den »Cannabus« gepriesen hat.

»Nur auf die Dosis kommt es an
ob etwas giftig wirken kann«
so Paracelsus Hohenheim,
der Hanf gegen den Bronchienschleim
und viele andre Leiden setzte
und ihn als Heilkraut höchlichst schätzte.
Hanf hilft bei leichten Schmerzen schon,
erst wenn sie stärker, braucht man Mohn!

Jung bestand drauf, durch die Bank:
Freud und Reich statt arm und krank
ließ sich mit Hanf so leicht erreichen!
Doch geht man lieber über Leichen
und pumpt mit den Medikamenten
jene voll, die da Patienten!

EIN MITTELALTERLICHES ERNTEDANKFEST

Es lebte einst im Mittelalter
ein Ritter namens Ritter Walther
und Edler Herr von Hanffenstein
auf seiner Burg fast ganz allein,
bis auf das Ritterfräulein Hilde.
Ein Hanfblatt führte er im Schilde;
denn seine Bauern bauten diese
Pflanze an auf jeder Wiese.
Am Erntedankfest, dem Ersehnten,
bekam er endlich seinen Zehnten
auf seine Burg hinaufgebracht,
noch in der Erntedankfestnacht.

Fröhlich rieb er sich die Hände:
Die bittre Not, sie hat ein Ende!
Sogleich ließ er die Blätterspitzen
von den Stengeln runterschnitzen
und in seine Kammer bringen,
unter Trommelschlag und Singen!
Denn solches war Herrn Walthers Laster:
Er rauchte gar zu gerne Knaster,
den er mit seiner Dame teilte,
die zwar an seinen Nerven feilte,
doch tat sie's Gottseidank nicht immer,
das ritterliche Frauenzimmer.

Herr Walther gab am nächsten Tage
ein gar festlich Rauchgelage,
und eins die nächsten Tage auch,
so wars seit langen Jahren Brauch
auf Hanffenstein im Schwabenland,
das für sein gutes Gras bekannt.

So fanden sich denn alsbald ein
die Freunde des Herrn Hanffenstein:
Herr Walther von der Vogelweide,
der Katholik war und kein Heide,
mit Mönchlein zween in hänf'nen Kutten,
auch kam Herr Ulrich, der von Hutten,
hoch zu Pferde angeritten.
Keiner ließ sich lange bitten!

Noribert von Rang und Namen
kam mit sieben jungen Damen,
Martin Luther, Reformist,
der's Erntedankfest nie vergißt,
Thomas Müntzer, Bauernführer,
und der alte Albrecht Dürer,
der schon mal an der Leinwand leckte,
wenn ihm sein Weib das Gras versteckte,
das war bekannt im ganzen Land
(aus Hanf war auch die Leinewand!).

Dann kam Hans Sachs, der war ein Schuh-
macher und Poet dazu,
und mit ihm Götz von Berlichingen,

den hört man schon von weitem singen:
Der Hanf macht sanf', er macht nicht
barsch!
Und wer's nicht glaubt, leckt mich am
Arsch!
Seine Stimm' war nicht sehr schön,
die weitren Verse zu obszön,
um sie hier weiter vorzutragen,
's ist besser, nicht danach zu fragen.

Nur Gutenberg, der war kein Kiffer,
war sozusagen Dunkelziffer,
denn er blieb dem Gelage fern,
gab vor, er müßte schnell nach Bern.
Er hielt nichts von der Rauchergier.
Er druckte nur auf Hanfpapier,

und jedes Gramm, das hier verschwendet,
hätt' er für Bibeldruck verwendet!
Auch ohne Gutenberg, den Drucker,
war das Festchen einfach Zucker!

Hoch ging es her auf Hanffenstein,
wohl tief bis in die Nacht hinein,
mit Rauchen, Fressen, Saufen, Tanz
und Rauferei mit Schwert und Lanz!
Zween Pfeifen machten stets die Rund
von einem in den nächsten Mund.
Und auch des Ritters brave Bauern
mußten nicht bei Bier versauern:
Kaum daß die Morgennebel schwanden,
sah man auf den Lehenslanden
rings um die Burg die Bauern liegen,
sie waren kaum mehr wach zu kriegen,
so hatten sie sich vollgedröhnt.
Dabei warn sie's doch gewöhnt!

Der Rest erzählt sich fast im Nu:
Sie rauchten sich drei Tag lang zu
bis alle torkelten und wankten,
worum sich bald Legenden rankten,
die wir euch hiermit vorgesungen
in heimatlich vertrauten Zungen.

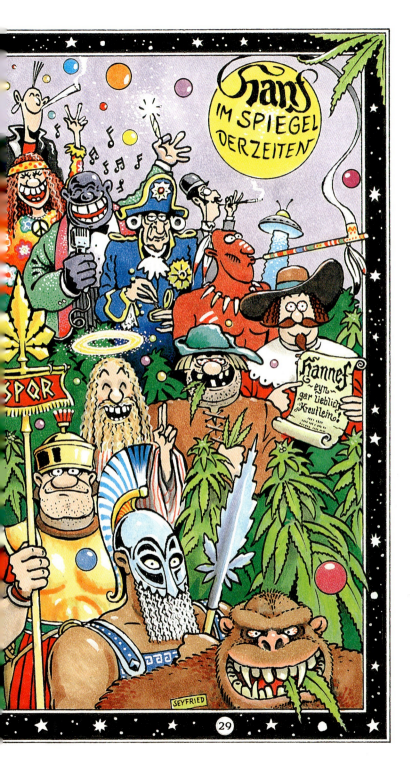

Bereits in seinen frühen Lehren
tat Lao-tse den Hanf verehren:
Seht den Hanf, im Winde schwankend!
Laßt uns niederknien, dankend,
und den Geist der Pflanzen ehren,
während wir den Hanf verzehren!

Und also sprach Konfuzius,
natürlich unter Hanfeinfluß:
Die Welt teilt sich in Yang und Yin,
im Hanf jedoch ist beides drin!
Ramses, welcher Pharao,
lobt den Hanf, denn der macht froh.
Seine Worte grub in Stein
man in die Pyramiden ein.
Moses brachte das Gebot
direkt vom Großen Zebaoth:
Um die Tempel angebaut
sei Cannaboss, das Räucherkraut.

Sokrates, der Philosoph,
fand freilich: Hanf macht ziemlich doof.
Doch Platon widersprach pikiert:
Der Sokrates hat's nie probiert
und hielte besser seinen Mund,
denn Hanf ist zweifelsfrei gesund!

Seneca war eher stoisch:
Hanf macht nicht gerad heroisch!
Kurz faßte sich Pythagoras:

Komm her, versuche dieses Gras!
Diogenes, in seinem Faß,
brummt in seinem tiefen Baß:
Meine Pflanzen brauchen Sonne,
drum geh weg von meiner Tonne!

Und der große Held von Troja
hielt nichts von Tofu oder Soja:
Ich esse Haschisch, sprach Achilles,
aus einem Grunde nur: Ich will es!

Odysseus hat es übertrieben,
zu sehr tat er das Hanfkraut lieben.
Er ward davon im Kopfe dumm
und irrte auf dem Meer herum

gut und gern zehn lange Jahr,
mitsamt seiner bekifften Schar,
und in ihren Ohren klang
die ganze Zeit Sirenen-Sang!
Homer hat alles dies erfunden,
in intensiven Hanfrauch-Stunden.

Cäsar sprach vor langer Zeit:
Hanf ist mein schönster Zeitvertreib!
Kleopatra, die pflegte auch
diesen schönen, alten Brauch
in ihrem Altägypten-Reich.
So machte sie den Cäsar weich.
Und Brutus, der ihn umgebrungen,
hat ebenfalls den Hanf besungen.

Der Sohn Gottes, immer milde,
sprach: Oh ja, ich bin im Bilde!
Jenes Kraut, es dient der Liebe
und besänftigt wilde Triebe!
Und leise fügte er noch dran:
Schau dir nur meine Jünger an!
Die fressen Gras doch büschelweise,
so wahr ich Jesus Christus heiße!

Paulus schrieb an die Heloten:
Ich brauch aus Libanon den Roten!
und er mahnte die Korinther:
Wo bleibt mein Vorrat für den Winter?
Dann ein Brief an die Hethiter:
Nur Sinsemilla, keine Zwitter!
Und doch verkündet er den Heiden:
Hanf, zürnt der Herr, den sollst du meiden!
Man sieht, der Paulus war verlogen
im Zusammenhang mit Drogen!

Nero war ein Pyromane,
und ich fürchte, ja, ich ahne,
daß er niemals Hanf probierte,
sondern lieber Rom flambierte.

Mohammed, Islambegründer,
war ebenfalls ein Hanf-Verkünder:
Willst du wie ein Derwisch tanzen,
brauchst du dreißig Gramm, im Ganzen.
Willst du abfahrn wie ein Sufi,
kostet dich der Spaß 'nen Fuffi.
Hast du Hundert auf der Skala,
landest du direkt bei Allah!

Martin Luther ließ verkünden:
Wer Hanneff ißt, bleibt bar der Sünden!
Und vom Pabst kam eine Bulle:
Hanf gehört auf jede Stulle!
Später hat er abgestritten,
daß der Teufel ihn geritten.
Rabelais verkündet laut:
Ich weiß ein wahres Wunderkraut,
das alles Gute, Schöne eint!
Wetten, daß er Hanf gemeint?

Weißt du, wieviel Sternlein stehen,
wieviel kommen und vergehen,
dort am blauen Himmelszelt?
Kopernikus hat sie gezählt,
wozu er viel Geduld gebraucht,
die nur kommt, wenn man Haschisch raucht.
Shakespeare schrieb, auf englisch freilich:
Wer Hanf nimmt, hats nie wieder eilig!
Gibt man sich ganz dem Hanfe hin,
versäumt man jeden Drucktermin!

Eindringlich warnte einst Charles Dickens:
Erst tuns haschen und dann ficken's!
So sah es auch Inferno-Dante,
der Gras natürlich bestens kannte
und es gern mit seiner Mieze,
der stadtbekannten Beatrice,
als Vorspielspeise zu sich nahm,
bevor es zu wer weiß was kam.

Ein großer Satz von Beaudelaire:
Wer Hanf verbietet, ist nicht fair!
Und der hier stammt von Friedrich Schiller:
Hasch macht laute Dichter stiller!
Und er dichtete ganz leise
folgende, sehr zarte Weise:
Festverwurzelt in der Erden
steht der Baum, aus Hanf gemacht!
Heut noch soll draus Haschisch werden:
Ei, wie dann der Goethe lacht!

Denn der Geheimrat Tugendwächter
war insgeheim kein Kostverächter
und krümelte in seinen Wein
gern eine Prise Haschisch rein.
Zu gutem Gras sagt er nie: Nein;
sah drum Amphi-theaterlein
des Nachts am Wegesrande schweben.
Vielleicht kams auch vom Saft der Reben.
Wer weiß, und jetzt wird's sonderbar:
Womöglich war's auch einfach wahr!

Newton warnte voller Sorgen:
Rauch den Hanf nicht schon am Morgen,
und rauch ihn nicht aus großen Tröten,
sonst geht dir das Gedächtnis flöten!
Einstein lächelte nur schief:
Cannabis, das ist relativ:
Mal ist es stark und manchmal nicht,
das hängt wohl ab vom Sonnenlicht.
Eins aber, das verriet er nie:
Daß er, bei der Feld-Theorie,
an Haschisch-Felder nur gedacht!
Man hätt' ihn doch bloß ausgelacht.

Hanf ist tot! wie Nietzsche sagte,
wenn die Hanfknappheit ihn plagte.
Kaum tat's wieder Haschisch geben,
schrie er: Hanf ist noch am Leben!
Na also! sprach da Zarathustra:
Ohne Hanf wär's zappendusta!
Schopenhauer war sich sicher:
Wo Hanf ist, ist auch viel Gekicher!
Leibniz, Fichte, Mendelssohn
winkten ab: Wir wissen's schon!
Für uns ist Hanf ein alter Hut,
wir fanden ihn schon vor euch gut!
Gleichzeitig schrieben Kant und Hegel:
Breit sein ist bei uns die Regel!

Dem Denker Ludwig Wittgenstein
fiel zum Hanf nur dieses ein:

Was wir nicht zum Essen brauchen,
nehmen wir halt dann zum Rauchen.
Bob Dylan hat es so vertont:
Everybody must get stoned!

Die Proletarier mahnte Engels:
Raucht roten Libanesen, Bengels!
Und Marx ergänzte: Ganz genau!
Und fördert mir den Hanf-Anbau!
Mao blieb vollkommen stumm,
das lag am vielen Opium.
Lenin war Cannabis schnuppe:
Was ist denn das für eine Suppe?
Keine Suppe? Nur ein Kraut?
Und es wird hier angebaut?
Kann man Wodka daraus brennen?
Nicht? Dann will ich es nicht kennen.

Der Trotzki, welchen man verbannt
aus seinem Sowjet-Heimatland,
saß jahrelang in Mexiko,
vom Gras total perplexiko.

Proudhon, der alte Anarchist,
rief: Der ganze Staat ist Mist!
Kein König ist es, was wir brauchen,
wir brauchen höchstens was zu rauchen!
Bakunin brummt in seinen Bart:
Kiffen, das heißt Lebensart!

Laut überlegte Bertolt Brecht:
Das Gramm drei Groschen? Gar nicht schlecht!

Voltaire mißbilligte den Brauch,
doch gab er zu: Ich rauch es auch.
Theodor Fontane schrieb:
Cannabis ist mir wert und lieb!
Und fügt als Fußnote hinzu:
Sooft es geht, rauch ich mich zu!

Jahn, der alte Törnervater,
lobte: Hanf macht keinen Kater!
Turne, bis die Schwarte kracht
und das Herz im Leibe lacht!
Unser Turnermotto sei:
Hanf macht frisch, fromm, fröhlich, high!

Wilhelm Busch, der Herr der Reime,
hegt im Küchengärtlein Keime,
auf daß er übers ganze Jahr
wohl mit Hanf versorget war!
Er dichtete im Kifferwahn:
Krischan! Lat de Piepen stahn!

Karl May, der Winnetou erfunden,
rauchte Hanf oft lange Stunden,
und dann griff er, arg bekifft,
eifrig nach Papier und Stift.
Derart schrieb er, halb im Koma,
über Haschisch Halef Oma.

Mark Twain, den man stets gerne las,
sein Abendpfeifchen nie vergaß!
Gern saß er dann am Mississippi
und paffte wie ein alter Hippie!
Vergessen wir nicht den Jules Verne,
denn dieser Herr bemerkte gern:
Die Phantasie auf Trab zu bringen,
wird dir nur mit Hanf gelingen!
Und erst Tucholsky: Jede Wette,
daß er was im Schubfach hätte!
Jack London schrieb es schon vor Jahren:
Cannabis ändert dein Gebaren!
Eins schrieb er nicht: Auf welche Weise!
Das finden wir heut ziemlich schade.

Als Hannah Arendt Hanf dabei,
wurd' Heidegger einst mächtig high.
Doch als sie ihm den Stoff entzogen,
fühlt sich der Philosoph betrogen
um den Spaß, der Haschisch ist.
Kurz darauf wird er Faschist.

Hanf belebt, bemerkt Ernst Jünger,
die Phantasie wie Bio-Dünger!
Die schönsten Verse aller Menschen
kennt man als die Gottfried Bennschen.
Adepten hat er so belehrt:
Wem Hasch nicht hilft, der nimmt's verkehrt!
Arthur Rimbaud, Genie von Rang:
Beim Dichten, da herrscht Tütenzwang!

Nur Sartre, der war furchtbar dumm,
behauptete: Natur ist stumm!
Dabei sendet jeder Baum
Daten durch den Ätherraum,
doch kann man diese nur erkennen
mit fein-justierten Hanf-Antennen.

Recht unduldsam war Herrmann Hesse:
Rauch Hanf, sonst gibt es auf die Fresse!
Gras macht kluge Menschen schlauer!
bemerkte – noch mal – Schopenhauer.
Dumme werden dümmer noch!
freut sich Hoffnungsdenker Bloch.

Schöner noch als onanieren!
konnte Thomas Mann notieren.
Sehr weise formuliert Adorno:
Wer Hanf raucht, der braucht keinen Porno!
Günter Grass braucht man nicht fragen,
er tut's ja schon im Namen tragen.
Wolfgang Neuss, der wohlbekannte,
täglich dreißig Joints verbrannte.
In unsrer Zeit, meint P. P. Zahl,
nicht zu kiffen, ist fatal!
Der Ansicht schließen wir uns an,
die zwei Autoren, Mann für Mann!

Auch in der Aristokratie
verschmähte man das Haschisch nie:
Das fing schon an bei Dschingis-Khan,

der in seinem Größenwahn
sturzbekifft nach Westen ritt,
auf der Jagd nach bessrem Shit.
Mit ihm kamen, Hasch zu holen,
Abertausende Mongolen!
Groß war im Abendland der Schrecken:
Wo soll man bloß sein Dope verstecken?

Kaiser Rotbart, lobesam,
Hanf bereits zum Frühstück nahm:
Cannabis ist, nimmt man es reichlich,
als Bartwuchsmittel unvergleichlich!
Und weil er so viel Kiff verbrannte,
sein Volk ihn den Kyffhäuser nannte!

Jahraus, jahrein, saß Karl der Kahle
nur über seiner Räucherschale.
Benebelt von Cannabis-Dämpfen
weigerte er sich, zu kämpfen:
Das ruiniert nur die Gewänder,

bringt Unheil über unsre Länder,
und hilft letztendlich nur dem Bösen,
drum laßt uns lieber weiterdösen!
So kam's, daß ihn kaum einer kennt,
er hat so manchen Krieg verpennt!

Und wer kennt nicht die alte Kunde
von König Artus Tafelrunde,
wo der König, der bejahrte,
seine Recken um sich scharte
und mit ihnen auf der Bank
Merlins schwachen Hanf-Met trank!
Dort lauschte man, so war es Pflicht,
der ganz unglaublichen Geschicht'
von der Suche nach dem Grale,
jener rätselhaften Schale,
von der man damals eins nur wußte:
Daß Haschisch-Öl darin sein mußte,
ein Hanf-Öl, so unglaublich kräftig
und in der Wirkung derart heftig,
daß jener, der den Gral erreichte
beim bloßen Anblick schon erbleichte,
ja, einmal nur dran riechen mußte,
und von Stund an sicher wußte:
Das macht der Gral: Für immer breit,
bis tief in alle Ewigkeit!

Lang schon war die gute Kunde
vom Inder-Hanf in aller Munde,
weshalb Kolumbus, der gern kiffte,

sofort in diese Richtung schiffte.
Zwar fand er nur das Amiland,
doch war der Hanf auch dort bekannt.
Gleich nach den ersten Friedenspfeifen
begann in ihm der Reim zu reifen:
»Das Gelbe vom Kolumbus-Ei
bleibt des Hanfes hehres High!«

Prinz Eugen, der edle Ritter,
fand das teutsche Gras zu bitter.
Drum ließ er schlagen eine Brucken,
daß man kunnt den Mamelucken,
die vor der Feste Belgrad lagen,
ihr Hasch wegnehmen ohne fragen.
Wir wissen heut, der Streich gelang,
der den Feind zur Heimkehr zwang.

Vor jeder Schlacht zog Wallenstein
sich eine Wasserpfeife rein.
Dann lauschte er dem Schlachtgeschrei
und dachte sich sein Teil dabei.
Tilly war sein Gegenspieler
und nebenbei noch Haschischdealer.
Gustav Adolfs größter Wunsch
war gehanfter Schwedenpunsch.

Verbürgt ist, daß George Washington
Cannabis zog auf dem Balkon
und auf seinem Landbesitz!
Heut ist's verboten! Welch ein Witz!

Ein König, der den Hanf sehr schätzte,
war Friedrich-Karl, der Vor-vorletzte.
König Friedrich (ja, der Große!)
tunkte Brot in Haschisch-Soße.
Bismarck, der das Reich gegründet,
hat heimlich sich mit Hanf verbündet,
er tarnte ihn als Schnupftabak,
der alte Knabe war auf Zack!

Kaiser Wilhelm, im Exil,
rauchte oft und rauchte viel,
bis er, voll bis an die Ohren,
vergaß, daß er den Krieg verloren.
Das war schon in den Niederlanden,
wo wir noch jemand anders fanden:
Nämlich Herzog Jan Van Geldern,
der wälzte sich in Hanfbaufeldern!

Doch bleiben wir im Reich der Künste:
Eingehüllt in Knaster-Dünste
war'n Maler wie der Albrecht Dürer:
Mich deucht der Hanf ein groß Verführer!
Denn rauch ich bloß der Pfeiflein eine,
malt mein Pinsel von alleine!
Schmauch ich gar der Pfeiflein zwehen,
kann ich alles zwiefach sehen!

Veit Stoß, das war sein Zeitgenosse,
kupferte so manche Posse
unterm Einfluß jener Pflanze
und erfand das Veits-Getanze.

Da Vinci, Maler und Erfinder,
empfahl den Hanf sogar für Kinder:
Damit die Mägdlein und die Knaben
ein bißchen was zum Lachen haben!
Michelangelo hingegen
frömmelt: Hanf ist Gottes Segen!

Botticelli aus Firenze
stieß beim Malen an die Grenze
dessen, was sich malen ließe,
worauf von der nächsten Wiese

man die Wunderpflanze brachte,
die den Meister fleißig machte.
Ei, da ging die Arbeit weiter
wie der Blitz und eher heiter!

Der Maler Bosch, Hieronymus,
kam schon beizeiten zu dem Schluß:
Mit Durchschnitts-Hanf, der gar nicht teuer,
malt man Durchschnitts-Ungeheuer.
Doch kaut man teureren Import,
zum Beispiel schwarzen Nepal-Nord,
dann kriechen aus der Phantasie
Höllenengel wie noch nie!

Brueghel mochte keine Mauern,
malte deshalb fast nur Bauern,
die, vom roten Wein betrunken,
untern Tisch hinabgesunken.
Nüchtern war er selbst nicht richtig,
doch er trank nicht, das ist wichtig,
sondern barg in einem Lätzchen
dutzendweise Haschischplätzchen,
die er dann beim Malen fraß.
Nur so macht das Malen Spaß.

Das bringt uns zu Vermeer, dem Maler:
Der Hanf kost mich gar manchen Thaler,
doch ist er's zweifelsohne werth,
wenn man ihn, so wie ich, begehrt!
Ein andrer Maler, der Van Gogh,

wurde zum begabten Koch
durch Hanf, der Appetit anregt.
Das ist im Staatsarchiv belegt.
Rubens kiffte wie ein Wilder
und schuf riesengroße Bilder.
In dieselben malt' er immer
dicke, nackte Frauenzimmer.
Rembrandt malte wie besessen,
wenn er ein wenig Gras gegessen,
und bekannt ist, daß Magritte
nur malte, wenn er voller Shit.
Selbst Gauguin, obwohl Franzose,
hatte eine kleine Dose
mit Südseegras, zur Sicherheit,
draus nahm er was, von Zeit zu Zeit.

Stets breit war Henri M. Matisse,
das weiß man heute ganz gewiß.
Und Zeichner, wie Toulouse-Lautrec,
rauchten ordentlich was weg!
George Grosz, der wirklich unvergleichlich,
nahm vom Grase eher reichlich
und geißelte, vollkommen breit,
die Ungerechtigkeit der Zeit.
Dali rauchte wie kein zweiter
und war dementsprechend breiter
als Picasso, sein Kollege,
der auf seinem Lebenswege
manches Hanffeld, Junge, Junge,
verschwinden ließ in seiner Lunge.

Auch andre Künstler, wie Paul Klee,
bezeichnen Hanf als gute Fee,
die ohne Zweifel inspiriert,
wenn man sie richtig inhaliert.
Sie alle aber, wohlbekannt,
malten auf der Hanf-Leinwand,
die, da nicht mit Chemie versauert,
Jahrhunderte leicht überdauert.

Auch im Reich der Fabelwesen
ist Hanf nicht unbekannt gewesen:
An erster Stelle Carrolls Band
von Alice im Wunderland!

In Hauffs Märchen liest man schauernd:
Im Morgenlande raucht man dauernd!
Hanf war für die Brüder Grimm
alles andere als schlimm.
In ihrem »Wörterbuch«, dem Schatz,
finden wir den wahren Satz:
»Mancher Schad ist nicht zu heilen
durch die Kräuter aller Welt,
Hanf hat viel verzweifelt Böses
gut gemacht und abgestellt.«

Popeye, der Cartoon-Matrose,
fraß den Hanf gleich aus der Dose,
ob Blätter, Stengel oder Knollen,
worauf ihm alle Muskeln schwollen.
Das tat er völlig ungeniert,

doch später wurd es rauszensiert
und wurde durch Spinat ersetzt,
damit er kein Gesetz verletzt.

Dann gibt es noch die Musikanten,
vor allem diese weltbekannten,
wie Johann Strauß, der Walzerkönig:
Hanf macht mich so wohlig dröhnig!
und Mozart äußerte sich gar:
Es komponiert sich wunderbar,
wenn Hanfkonfekt man schnabuliert
und alle Hemmungen verliert!
Vivaldi ist nicht zu vergessen,
der vom Hanfe gar besessen!
Wir wollen Bach nicht unterschlagen,
der konnte ganz schön was vertragen!
Zum Beispiel stand der Knaster Pate
beim komponiern der »Rauch-Kantate«!
Und noch eins: Uns verriet Caruso:
Ich bin nie nüchtern, nur: Ich tu so!

Und nicht nur Klassik, auch die neuen
Stücke, die uns so erfreuen,
es ohne Hanf nicht geben tät,
nur Marschmusik von früh bis spät.
Kein Jazz, kein Blues, kein Rock, kein Funk
wär in deinem Plattenschrank,
von Punk und Reggae ganz zu schweigen,
das muß man einmal deutlich zeigen!

All die Musik hier aufzuzählen,
würde jeden Leser quälen,
weil es wohl kein Ende nähme
und dem Kopf nicht gut bekäme.
Es paßt auch nicht mehr alles hin:
Von Beatles bis Led Zeppelin,
von Louis Armstrong bis Pink Floyd
hamm alle sich am Hanf erfreut!

Velvet Underground und Zappa,
der sein Gras feucht hielt mit Grappa,
Bob Marley und weiß Gott, wer alles,
rauchten nur zum Wohl des Schalles,
welcher als Musik bekannt
von Dittmannsdorf bis Feuerland.

Drum sagen wir es noch mal richtig:
Der Hanf ist ganz unglaublich wichtig
im Reich der angenehmen Klänge,
Triolen, Noten und Gesänge!

Wir hoffen, keiner ward vergessen,
der Rang und Namen je besessen!

Doch, einer fehlt noch, ja, genau:
Der beliebte Arnold Hau!
Nichts gab's, was der Hau nicht konnte,
der um Mitternacht sich sonnte
und dabei, weil er es brauchte,
feierlich sein Pfeifchen schmauchte.

HANFKRIEG UND FRIEDEN

Es ist dem Hanf nicht anzusehn,
daß Kriege einst um ihn geschehn.
Weil er gar so wichtig war,
bekriegt Napoleon den Zar!
Denn nur der hänfnen Segel Kraft
sicherte die Seeherrschaft.
Als Rohstoff war er unentbehrlich
und deswegen so gefährlich
in der Hand der Angelsachsen.
Die ließen ihn zu Hause wachsen,
doch die paar Fasern auf der Insel
reichten grad für Englands Pinsel,
nicht aber für die Macht auf See
und den Import von Englands Tee.

King George grübelt auf dem Diwan:
Uns bleibt nur Handel mit dem Iwan!
Dann gibt es keine Nachschubsorgen,
dort gibt es Tausende von Morgen
von Hanf in bester Qualität,
den der Zar verkaufen tät.
Schnell ward man einig miteinander
und im Geschäft mit Alexander.

Das ärgerte den Bonaparte
und er sagte sich: Na warte!

Ich werde mit dem Zaren sprechen
und den Nachschub unterbrechen,
das wird Englands Flotte schwächen,
ja, ihr gar das Rückgrat brechen!
Ich werd in Moskau insistieren,
nicht weiter Hanf zu exportieren.
Das wird weiter gar nicht schwer:
Ein Tilsiter Vertrag muß her!

Per Kurier und über Nacht
ward ein Treffen ausgemacht,
und man beschloß bei Käs und Wein:
Kein Gramm Hanf nach London rein!
Das war dem Zaren nicht ganz recht,
denn er verdiente ja nicht schlecht.
Nachdenklich kratzt er sein Testikel:
Hanf ist mein Hauptexportartikel!
Englands Geld will ich nicht missen,
bloß Napoleon darf's nicht wissen!

Dem Plan war nicht viel Glück beschieden,
den Rest kennt ihr aus »Krieg und Frieden«:
Daß Bonapart nach Moskau zog,
weil Alexander ihn betrog.
Es war der Hanf fürs Zarenreich,
was heut das Öl für manchen Scheich.
Das lernt man in der Schule nicht,
drum erscheint's hier als Gedicht,
daß künftig keiner ungeniert
bloß wegen Rohstoff Kriege führt.

So wird um Hanf uns viel verschwiegen
von Hintergründen und Intrigen,
es wird gelogen und betrogen,
die Wahrheit wird zurechtgebogen
bis hin sogar zum Hanfverbot,
das heut selbst dem mit Strafe droht,
der in Dorfe oder Stadt
auch nur ein einz'ges Pflänzchen hat!

DER HANF, AUS DEM DIE STOFFE SIND

Baumwoll zählt man aus zwei Gründen
zu den größten Umweltsünden:
Nur mit Chemie in Megatonnen
wird dieser Rohstoff heut gewonnen,
Pestizide, über Nacht
mit dem Flugzeug ausgebracht,
vergiften Wasser, Erde, Tier:
Cottonfield – mir graut vor dir!
Doch mit dem Horror dort im Feld
ist erst die Hälfte dargestellt.
Der zweite Teil, nur hingeschaut,
der spielt sich ab auf eurer Haut!
Nervengifte, Schwermetalle,
Dioxin und wie sie alle
heißen mögen, die Substanzen,
die kriminellen Tango tanzen
auf der Schutzhülle des Lebens,
jede Abwehr ist vergebens!
Wen wundert da, daß Allergie
so weit verbreitet ist wie nie.
»Reiz-Wäsche« einst erotisch klang,
heut zählt es schon zum Giftmüll-Slang,
und ist die Sauerei extrem,
wuchern Ausschlag und Ekzem
an Ellenbogen, Bein und Hüfte,
das machen die textilen Gifte.

Vom Anbau bis zur Appretur
ist Cotton contra die Natur!

Wie sehr ist da der Hanf zu loben,
der von der Wurzel bis nach oben
ganz ohne Chemikalienspritze
vier Meter hoch wird in der Spitze,
der gegen Unkraut und Gesocks
von Haus aus sicher wie Fort Knox
und nur mit Erde, Wasser, Licht
wächst und gedeiht wie ein Gedicht,
der Böden bessert, Quellen schont
und sich allein von daher lohnt,
und wenn dann erst die Ernte winkt,
gleich dreimal so viel Fasern bringt
wie das öde Baumwollfeld,
das mit Chemie und Gift bestellt.

Drum spricht der brave Bauersmann:
Cotton faß ich nicht mehr an
und säe Hanf stattdessen reichlich,
die Qualität ist unvergleichlich!
Mit Fasern frei von Allergenen
und: Sie lassen sich nicht dehnen!
Trotz ihrer Härte sind sie weich,
anschmiegsam und leinen-gleich,
nur nach der Wäsche kurz bretthart,
doch auf der Haut dann wieder zart.
Und ist es einmal richtig heiß,
dann verjagen sie den Schweiß,
so sehr, daß mancher irritiert,
wenn er ständig transpiriert,
doch zeigt sein Hemd aus hanfen Tuch
keinerlei üblen Geruch!

ODE AN DIE BLAUE HOSE

Einst wanderte von Bayern aus
der Schneidermeister Levi Strauss,
er kam in Kalifornien an
und war bald ein gemachter Mann.
Ei, werdet ihr euch alle fragen,
wie hat sich das denn zugetragen?
Nun, es war keine Zauberei:
der Levi hatte Hanf dabei!

Denn damals stand's im Wilden Westen
mit den Hosen nicht zum besten:
Wolf, Bär und Indianerpfeil
ließen keine Hose heil,
und ein Pferd zu reiten hieß,
daß die Hose Federn ließ.
Auch der Goldrausch war ein Frust,
weil man ins kalte Wasser mußt
und kam man dann zurück ins Heim,
war die Hose aus dem Leim!
So sah man, der Moral zum Hohne,
viele Leute unten ohne.
Levi sah den ganzen Jammer
und verschwand in seiner Kammer.
Sein bestes Hanftuch nahm er her,
griff nach Nadel, Faden, Scher
und, er fackelte nicht lange,
nahm auch noch die Nietenzange.

Eine Hose schuf er dann,
die allem widerstehen kann.
Im Reiten, Gehen, Stehen, Liegen:
Das Ding war nicht kaputt zu kriegen.
Und um es allen zu beweisen,
ließ er zwei Pferde daran reißen.
Die Hose blieb natürlich heil.
Das fanden alle Leute geil.

Schnell sprach sich's rum bei allen Trappern:
Endlich Hosen die nicht klappern!
(Beziehungsweise nicht zerplatzen,
doch würde das den Reim verpatzen.)
Ob Sheriff, Cowboys, ob Matrosen:
Sie alle wollten diese Hosen
und wollten sie am besten gleich,
und Levi Strauss ward furchtbar reich!

Denn Jeans aus Hanftuch, aus dem derben,
ließen sich sogar vererben!

Sie hielten länger als der Mann,
was nicht jede Hose kann.
Und weil der Hanf so stark und schwer,
schätzt auch das Militär ihn sehr.
Es verpackt darin Soldaten,
ordnet sie dann in Quadraten
und läßt sie hin und her marschieren,
damit sie nicht so schrecklich frieren.
Wie dem auch sei, geboren war
die Bluejeans, die unsterblich war,
als Beinkleid völlig unentbehrlich,
weil sie blau und stark und ehrlich.

Heut sind die Jeans aus Baumwolltuchen
und geben reichlich Grund zum Fluchen,
denn schon nach ein paarmal waschen
reißen Knie, Bund und Taschen,
und man entdeckt, zu Recht entsetzt,
daß Farbstoff schnell die Haut verätzt.
Drum, wollt ihr unsre Meinung wissen:
Die Nicht-Hanf-Jeans, sie sind beschissen!

Hört die Moral von der Geschicht:
Verachtet bloß das Hanfkraut nicht!
Denn Hanf-Cannabis liefert pur:
Die stärkste Faser der Natur!

DIE ANTI-HANF-
VERSCHWOERUNG

Nun hört, wie es sich zugetragen,
daß Hanf in Acht und Bann geschlagen
und die nützlichste der Pflanzen
verboten wurde dann im Ganzen:

Ein Hanffeld in den USA
lag in der Morgensonne da
und wogte grün im Morgenwind,
der drüber hinstrich, lau und lind.
Die Ernte war in vollem Gang,
man hörte fröhlichen Gesang,
denn diese Farmer hier, die braven,
ernteten ganz ohne Sklaven
im Gegensatz zum Baumwoll-Süden,
dem feudalist-agrarisch-prüden.
Geerntet, ward der Hanf gebrochen
(das hat bestimmt nicht schlecht gerochen);
denn was man brauchte, warn die langen,
festen, zähen Faserschlangen.

Hochbeladne Wagen rollten
mit dem Hanf, wohin sie sollten:
nämlich auf die Bahnstation
von Little Township Hempington.
Dort stand der Zug in Dampfesschwaden
und wartete auf das Verladen

der Ernte durch die fleiß'gen Scharen,
um sie in die Stadt zu fahren,
wo Hanffabriken die gebrachten
Fasern dann zu Seilen machten
oder auch zu Stoff und Segeln,
kunstgerecht nach allen Regeln.
Tuche, Hosen, Kleidungsstücke
schlossen die Bekleidungslücke.
Aus den Samen preßte man
Hanföl, das verkaufte man
als Speiseöl und als Arznei,
auch da war ein Gewinn dabei.

Am wichtigsten war das Papier,
auf das man schreibt, das wissen wir.
Papierfabriken brauchten Massen
Hanf der besten Faser-Rassen;
denn Hanfpapier war dauerhaft,
auch billig und drum gern beschafft.
So ging dies schon jahraus, jahrein,
man fuhr drei Ernten jährlich ein
und hatte keinerlei Probleme
und aß zum Nachtisch Hanfölcreme.

Doch gab es welche, leider, leider,
die waren von Geburt an Neider,
und daß das Hanfgeschäft so gut,
brachte sie in helle Wut.
Es waren dies die Waldbesitzer,
die nicht nur an die Herrgottsschnitzer

ihr schönes Holz verkaufen wollten
und darum dem Hanfe grollten.

Papier, so riefen sie voll Stolz,
Papier ist besser, wenn aus Holz!
Es braucht zwar ein paar Chemikalien:
ein bißchen Duftstoff, etwa Dahlien,
was, daß es weiß wird und so bleibt
und etwas, daß es nicht so reibt

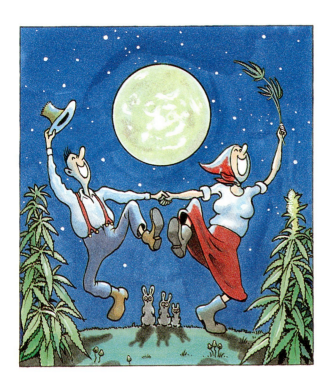

und es stattdessen glatter macht
und über diese Glätte wacht.

Letztendlich muß für sehr viel Geld
was rein, was es zusammenhält:
Dazu muß man den Holzbrei kochen
mit Leim aus Gift und Rinderknochen,
alsdann noch aus dem Säuretöpfchen
ein paar klitzekleine Tröpfchen,
das macht es noch ein bißchen weißer
und stabiler gegen Reißer.
Ein wenig Arsenik wär gut,
damit's nicht schnell verschimmeln tut,
und Zyankali nur ein Hauch,
dann hält es fünfzig Jahre auch!
Die Chemie hat nichts dagegen,
das riecht nach finanziellem Segen,
und so geschah es, glaubt es mir:
Noch mal erfand man das Papier!

Nun galts, sich in den Markt zu zwängen
und den Hanf beiseit zu drängen,
dazu wär jede Lüge recht –
Hauptsache, der Hanf wird schlecht
gemacht von allen Seiten,
und gehindert am Verbreiten!
Dann ging es auch der Baumwoll' gut,
die viel Chemie verbrauchen tut,
von Baumwollsklaven abgesehen,
die nicht gerade Däumchen drehen.

Man sieht, es gab 'nen Deal,
zwar bös gemeint und ohne Stil,
doch blühen tat wie vorher nie
die Holz- und Chemo-Industrie,
die Baumwoll-Kings und nicht zuletzt
die Presse, die den Hanf verhetzt,
voran der Zeitungsreich-Besitzer
und Meinungs-Durchlauf-Groß-Erhitzer
Hearst, der viel Papier verbrauchte,
Wald besaß, und niemals rauchte.

Viele haben sich versündigt
und die Hanfpflanze entmündigt
mit Verfolgung und Verbot,
den Besitz bestraft mit Tod.
Viele taten sich hervor
mit Strafen und mit Knast-Terror;
doch der allerschlimmste Finger,
das war Harry J. Anslinger!

Hört nun wie es dazu kam,
daß dieser einstmals brave Mann
seinen Haß auf Hanf fixierte,
den Ruf der Pflanze ruinierte,
und ihr natürliches Genie
als pures Mörderkraut verschrie.
Und wer für diesen Plan das Geld,
und den Hintergrund gestellt:
Es war um Neunzehnhundertdreißig,
als die Industrie ganz fleißig

die Hanfmähdreschmaschin' erfand,
das sprach sich rum im ganzen Land,
denn wo zuvor zweihundert Mann
mit schwerster Arbeit mußten ran,
kriegt Einer jetzt in einer Stunde
auf dem Hanffeld leicht die Runde.

Für die News war das echt top:
»The new billion dollar crop!«
hieß es in Blättern und Annoncen
zu des Hanfes neuen Chancen!
»Dies ist die Rettung für die Farmen!«,
»Endlich Hoffnung für die Armen!«
Man war des Lobes voll wie nie
ob der Hanf-Technologie.

Doch da kannte kein Pardon
die große Firma von Dupont:
Hatte man doch grad entwickelt
und aus Erdöl aufgezwickelt
zusammen mit der I.G. Farben
einen reinen Kunststoff-Faden,
der ersetzen sollte stur
alle Fasern der Natur.

Wer jetzt anbaut Faserpflanzen,
der versaut uns die Bilanzen!
witterte der Gründersohn,
hängte sich ans Telefon,
und er holte an die Strippe

einen aus der Mellon-Sippe,
der Ölbaron und, ganz sinister,
zur gleichen Zeit Finanzminister!

Wenn die Hanfgeschichte läuft
niemand mehr viel Öl verkäuft
steckte er dem Andrew Mellon,
der begann sogleich zu bellen:
Das müssen wir sofort stornieren,
ich ließ es schon telegrafieren
an Hearst, der springt im Dreieck hier
wegen diesem Hanfpapier!

Sie wußten, das ist nicht zum Lachen,
doch wie dem Hanf den Garaus machen?
Die einzge Rettung aus der Not
wär ein Cannabis-Verbot.
Doch wie ein selbiges erreichen,
bei diesem Rohstoff ohnegleichen?
Schnell war ein Vorschlag akzeptiert:
Es wird als Rauschgift denunziert!
Hoover, Chef vom FBI,
war mit Begeisterung dabei,
denn daß der Alkohol erlaubt,
hat den Cops die Jobs geraubt,
und eine neue Prohibition
brächte mehr Agenten Lohn.

Hearst, Dupont und Spießgesellen
warn die Finanzierungsquellen

zur Gründung einer Agentur,
und als Grund erfuhr man nur,
daß man neuerdings entdeckt,
daß im Hanf ne Droge steckt,
schlimmer noch als Kokain,
Opium, gar Vitamin,
die schwarze Neger süchtig rauchen,
um weiße Frauen zu mißbrauchen,
und dann mit blanken Hackebeilen
zu ihren weißen Herrn zu eilen,
um sie im Schlummer zu erschlagen
und ihren Reichtum wegzutragen.

Zum Oberboß und Hanfbezwinger
wurde Harry J. Anslinger,
der alsbald durch die Lande zog
und die Bevölkerung belog,
aus dem Hanf ein Monster machte
und wilden Negerhaß entfachte.

Neunzehnhundersiebendreißig
zahlt sich aus, daß er so fleißig,
und der Kongreß, vor Schrecken rot,
beschloß: Totales Hanfverbot!
Anslingers Polizei-Genie
steigert sich zur Hanfmanie.
Mit Schaum vorm Munde fuhr er fort:
Die Hauptgefahr liegt im Import!
Statt diplomatisch zu lavieren,
muß man ihn weltweit ausradieren!

Der Mann war reif fürs Irrenhaus,
doch praktisch sah es anders aus:
Man schickt ihm weiter neue Mittel,
anstatt zwei Mann im weißen Kittel,
und man befördert ihn nach oben:
Er ward zur UNO abgeschoben,
wo er als Drogen-Kommissar
der Welt Haupthanfbekämpfer war.
Er goß die nationale Hetze
weltweit in UN-Gesetze!
So ward der Wahnsinn zur Methode
und ist bis heute noch in Mode!

Die Agentur D. E. A.,
ist leider auch noch immer da,
sie jagt die Kiffer und die Raucher
und jede Art von Hanfverbraucher,
sperrt Tausende von ihnen ein
und hält sich selbst für rassisch rein.
Ganz pervers, das sind sie heute:
Sie schnüffeln im Urin der Leute!
Für keinen Arbeit oder Geld,
dessen Harnstoff Hanf enthält!
Kriminell sind so Millionen,
aber nur so tut sich lohnen
der Privatgefängnisbau
für den Arbeitslosenstau,
den Washington nun eingeführt,
gnadenlos und ungerührt.

Man sieht, die heute an der Macht,
handeln nur aus Niedertracht!
So ging der Hanf wohl auf den Leim.
Da dies geschildert nur im Reim,
mag es ein wenig simpel klingen,
dafür läßt's sich prima singen!
Empfohlen wird eine Schalmei
und etwas Dudelsack dabei,
sowie ein großer Chor von Knaben,
die eine hohe Stimme haben.
Zwölf Geiger und ein Geigerzähler
und einer dieser Tastenquäler,
ein Pianist der alten Schule,
und der Kirchenchor von Thule.

HANF UND HEROIN

Für Arzt- und Apothekerstände
gabs vor der Jahrhundertwende
nur eine meistverkaufte Kur:
Das war die reine Hanftinktur!
Sei's zum Hustenkrampf bei Kindern,
sei es zum Migräne lindern,
wo's auch krampfte, zwackte, riß,
half ein Löffel Cannabis!

Wenn wir statt Hanf, den jeder kennt
und der nicht taugt für ein Patent,
was andres in den Saft reinpfuschen,
dann wird das die Profite pushen!
So dachte man an schnelles Geld
im Bayer-Werk in Elberfeld
und ließ in den Labors ranziehn
ein Stöffchen namens Heroin.

Wo zuvor der Hanf entspannte,
nun Heroin den Schmerz ausbrannte,
und wo das Kraut sein Gutes tat,
dröhnte jetzt das Opiat.
»Modern, perfekt und wunderbar,
völlig ohne Suchtgefahr!«
lobten die Reklametitel
das patentierte Wundermittel.

Die ständig steigenden Exporte
brachen die Bilanzrekorde
und machten für die Bayer-Herrn
die Farbenklitsche zum Konzern.
Heute kennt ihn alle Welt:
Er basiert auf Drogengeld,
legal, korrekt, und völlig clean,
dank des Patents für Heroin.
Was wäre wenn? ist hier zu fragen,
wer hat die Schuld daran zu tragen,
an Junkie-Elend, Fixer-Leid,
an Krankheit, Tod und Grausamkeit?
Nicht der Erfinder ganz allein,
doch eines könn' wir sicher sein:
Viel Elend hätte man vermieden,
wär Hanf in der Arznei geblieben!

DIE HASCHREBELLEN

»Die militanten Panther-Tanten
Rauschgift schon vor Terror kannten«,
der Kampf-Spruch diente zu dem Zweck,
sich darzustelln als Bürgerschreck
in der Zeit um Achtundsechzig
als die Studenten stark und mächtig
gegen Spießer aufbegehrten,
sich gegen Staat und Kirche wehrten,
Recht und Ordnung hinterfragten
und ihre Väter, weil die wagten
beim Hitler-Terror mitzumischen
und nachher alles zu verwischen.

Doch nicht nur alte Nazi-Kisten
und Staatspension für Alt-Faschisten
stand zu dieser Zeit in Frage,
auch die gesamte Weltenlage,
der Konsum- und Lebensstil,
das Werte- und Kulturgefühl,
der ganze bürgerliche Muff,
Ehe, Karierre, Suff,

die Kleinfamilie und die Schule,
die Gesetze gegen Schwule,
die Rüstung und das Kriegs-Tam-Tam,
der Überfall auf Vietnam,
die Ausbeutung der Dritten Welt;
kurz: die brutale Jagd nach Geld!
»Haschisch, Trips und Meskalin
für eine freies Westberlin!«
war eine weitere Parole,
die statt auf Knarre und Pistole
auf Geist und Spaßguerilla setzte,
Gesetz und guten Ton verletzte
und ganz offen sich bekannte
zum jenem was man »Rauschgift« nannte.
Und um das völlig klarzustellen
nannte man sich »Haschrebellen«.
Nicht nur aus Spaß und Dollerei,
eine Idee war auch dabei:
Fehlt das erweiterte Bewußtsein,
kann jeder Fortschritt nur ein Frust sein.
Und so gingen Jungs und Mädchen
mit Hanf und ein paar Räucherstäbchen
runter in den Schneidersitz,
strebend nach Erleuchtungsblitz.

Hasch macht lasch und Kifferei!
Heraus zum roten ersten Mai!
tönt da die Polit-Fraktion
und droht den Hippies mit Sanktion,
weil die, statt außen draufzuhaun,

nur auf den eignen Nabel schaun,
ihr Bewußtsein nur erweiten,
statt im Klassenkampf zu fighten.
Die Hanfgebraucher sind gelassen:
Es hilft doch nichts, wenn wir nur hassen!
Die revolutionären Triebe
sind völlig nutzlos ohne – Liebe!
und stimmen an John Lennons Lied:
»Love is really all you need«.

Hanf machte der Bewegung Dampf,
doch hetzte er sie nicht zum Kampf.
Seit jeher förderte er schon
eher sanfte Subversion,
die Selberdenker statt der Kader,
die Freaks statt der Partei-Geschwader.
Blickt heut man auf die Zeit zurück:
Was wichtig war an diesem Stück
der allerjüngsten Zeitgeschichte,
dann warn es nicht die roten Wichte,
es waren Horden grüner Zwerge,
die Haschisch rauchten, ganze Berge!

Was ihre Phantasie erregte
und Kunst, Kultur, Musik durchfegte,
nicht Mode nur und Haarfrisur,
auch Liebes-, Wohn- und Eßkultur
und viele der Gesellschaftswerte
vom Kopfe auf die Füße kehrte.

Was Gammler, Hippies, Zen-Buddhisten,
Vegetarier und Nudisten,
Beatniks, Tramps und Stadtindianer,
Kommuneschwestern und Reichianer
und andre damals ausprobiert,
ist heute längst schon etabliert.
»Wilde Ehe« – Kein Problem!
Fleischlos essen? – Angenehm!
Wohngemeinschaft? – Aber logo!
Rockmusik? – Von Soul bis Pogo!
Frauenrechte? – Klarer Fall!
Bio-Läden? – Überall!
Naturheilkunde? – Selbstverständlich!
Meditieren? – Bis unendlich!
Selbst Kohl, der Kapital-Vandale,
trägt heute Birkenstock-Sandale.

All das hat der Hanf vollbracht,
obwohl man sie zuvor verlacht,
die Hippies und die Blumenkinder;
Hofmann, LSD-Erfinder;
Leary, Ginsberg, Kerouac,
das ganze Psychedelic-Pack:

Sie alle säten die Ideen,
die wir heute blühen sehn!
Sie richteten die Rezeptoren,
die Hirne, Hände, Herzen, Ohren
auf ein Problem, das jeder kennt
und das man heute Umwelt nennt.
Sie sahen, daß das Leben nur
in Harmonie mit der Natur
auf dieser Erde laufen kann
und steckten viele damit an.

Wofür man damals wurd erschossen,
ist heute ins Gesetz gegossen.
Was damals Radikalreform,
ist heute völlig staatskonform,
zumindestens auf dem Papier:
Schutz von Erde, Pflanze, Tier!

SCHUTZENGEL HANF

Hätt man mittels einem Mittler
dem Möchtegern-Studenten Hitler
beizeiten Haschisch unterschoben,
damit sein Kunstniveau gehoben
und Maltalente aktiviert,
wär das alles nie passiert;
wär sein Farbsinn nicht verdorben,
wär er vielleicht nie braun geworden.
Hätt er alles nur gemalt,
hätt sichs für ihn ausgezahlt;
was er im dritten Reich getrieben,
wäre uns erspart geblieben.
Da sieht man wieder, was passiert,
wenn Hanf zu knapp gehalten wird!

Dann gerät man leicht in Panik,
wie der Käpt'n der Titanic!
Denn relaxed von gutem Hanfe,
wär er kaum mit vollem Dampfe
in den Eisberg reingebrettert
und hätt das teure Schiff zerschmettert.
Niemand wäre dann ertrunken,
es hätte nur nach Hasch gestunken.

Amundsen wär nicht erfroren
und hätt sein Leben nicht verloren,

hätt er ein wenig Hasch probiert,
bevor zum Nordpol er marschiert.
Das Haschisch hätte ihn bekehrt,
er wär am Haustor umgekehrt:
Bei der Kälte? Nie und nimmer!
Schnell zurück ins warme Zimmer!

Doch im Ernst, ganz ohne Scheiß:
Hannibal, wie jeder weiß,
lag vor Rom mit seinem Heer
und überlegte hin und her,
ob er die Stadt einnehmen wolle
oder weiterziehen solle.
Da er befürchtet ein Debakel,
rief er nach dem Hanforakel.
Die Wahrheitspfeife, groß und schwer,
bracht man mit Elefanten her
und füllte sie bis an den Rand
mit Haschisch aus dem Heimatland.
Acht Züge überzeugten ihn:
Er sollte besser weiterziehn!

So wurde die Stadt Rom gerettet,
weil Kampfeswut mit Hanf geglättet.

Bevor Gautama ward zum Buddha,
benutzte er den Hanf als Futter.
Ein paar Körner nur am Tage
erhielten des Asketen Lage
so lange in der Geistesbahn,
bis das Licht zum Durchbruch kam.
Ohne diese Supernahrung
wäre Buddhas Gott-Erfahrung
niemals zu uns hingelangt:
Sein Körper hätte abgedankt!

Hanfsuppe war kein Leckerbissen
fürs Fürstenvolk auf Seidenkissen,
die Speisen aus dem Kraut der Armen
nur widerwillig zu sich nahmen.
Doch für Bauern und normale Leute
war die Nahrungsstoffausbeute
des Hanfkorns einfach unvergleichlich,
weshalb sie es verspeisten reichlich.
Durch Fett und Protein extrem
wurd kräftig ihr Immunsystem,
und die Pest landauf, landab,
prallt dank Hanf an ihnen ab.
Der Adel freilich und die Fürsten,
mit Edelfraß und zarten Würsten,
sind quasi über Nacht krepiert.
So kommt's, wenn Hanf wird ignoriert.

BULLE BOLTE

Seht, da steht der Bulle Bolte,
der sich auch gern einen rollte.
Am liebsten nahm er Hasch zum Naschen
aus verdächtgen Hosentaschen,
wovon er ganz besonders schwärmt,
weil's schon ein bißchen angewärmt.

Hier sehen wir: Er holt ein Piece
aus dem Asservat-Verließ,
wo sich schon die Balken bogen
von den konfiszierten Drogen,
beschlagnahmt von der Polizei.
Sein Haschisch-Spitz ist auch dabei.

Doch waren Boltes Freizeitpläne
bekannt geworden in der Szene.
Wenn ein Wirt sein bester Kunde,
macht das immer schnell die Runde.
So auch beim Rauschgift-Polizist,
der ein Hasch-Liebhaber ist.

So wurde, quasi als Revolte,
ein Sack Hasch speziell für Bolte
mit feinster Qualität frisiert,
und dann die Razzia lanciert.
Stolz präsentiert er hier die Beute,
freut sich schon auf den Abend heute.

Eben schließt in sanfter Ruh
Bolte die Drogen-Kammer zu,
und mit Tabak, Streichholzheften,
nach besorgten Amtsgeschäften,
lenkt er seine Schritte cool
hin zum Feierabendstuhl.
Und voll Dankbarkeit sodann
zündet er sein Pfeifchen an.

Ach, spricht er, die größte Freud
ist doch die Zufriedenheit.
Rums, da geht die Pfeife los
mit Getöse schrecklich groß!
Haschisch-Topf und Pillenglas,
Coca-Faß und sackweis Gras,
Designerdrogen für die Kids,
alles fliegt im Pulverblitz!

Als der Dampf sich nun erhob,
sieht man Bolte, der – gottlob! –
lebend auf dem Rücken liegt.
Doch er hat was abgekriegt:
Seine Uniform ist hin,
abrasiert das halbe Kinn,
und tief in seine Nasenritze
hat sich gebohrt die Pfeifenspitze.

Wer soll jetzt nach Hanfgras fahnden,
wer die Übeltaten ahnden?
Wer soll nun für Bolte leiten

seine Spitzeltätigkeiten?
Wer soll schaffen, züchten, klonen
den drogenfreien Maß-Teutonen ?
Mit der Zeit wird alles heil.
Nur die Pfeife hat ihr Teil.

P.S.:
Schamlos wurd hier Lehrer Lämpel,
umfrisiert zu einem Hempel;
doch auch der alte Wilhelm Busch
blies dem Hanfkraut einen Tusch,
als er des jungen Krischan Reife
lies prüfen mit der Knaster-Pfeife!

HANF UND
DIE QUANTENPHYSIK

Einstein wußte, wenn man kifft,
werden Raum und Zeit umschifft.
Grad wird krumm und früh wird spät,
das ist Relativität.
Daß Nobel-Lorbeer ihn umrankte,
er eigentlich dem Hanf verdankte.
Als einz'ge Pflanze weit und breit
verlangsamt Hanf nämlich die Zeit!
Stundenlang wird ein Minütchen,
raucht man nur ein kleines Tütchen.
Ist man vom Hanfe richtig breit,
wirkts gar wie eine Ewigkeit.
So war sie denn kein Wunderstück,
die »Raumzeit« der Atomphysik,
denn Einstein steckte dem Max Planck:
Hanf macht die Sekunden lang!
Er brachte ihm ein Quantum mit
vom allerbesten Tempelshit.

Dies brachte Heisenberg auf Trab,
der wollte gleich ein Quentchen ab.
Kaum war es aufgelöst in Rauch,

entdeckt er: Hanf macht unscharf auch!
Atome, die elliptisch eiern,
sich plötzlich nebulös verschleiern!
Und da, wo vorher Nebel war,
ist augenblicklich alles klar.
Noch dazu wird dieses Wanken,
allein beeinflußt durch Gedanken!

Unmöglich! rief der Einstein aus,
dann könnt ja eine kleine Maus
allein nur durch ihr Angedenken
den großen Mond am Himmel lenken!
Wenn niemand hinguckt ist er fort!
gab Heisenberg das Widerwort,
und erst wenn's jemand überprüft,
er dadurch aus dem Nichts ihn hievt!

Da schrie ihm Einstein ins Gesicht:
Du bist verrückt, Gott würfelt nicht!
Darauf der Werner Heisenberg:
Albert, du Gedankenzwerg!
Hast du's noch immer nicht gerafft,
daß der Alte heimlich pafft?
Für unsre Logik ist das Gift:
Gott würfelt nicht, Oh nein, er kifft!

HANFKULTUR WELTWEIT

Schon immer hielt der brave Schwabe
den Hanf für eine Gottesgabe.
Mit Hanf, so weiß der Württemberger,
gibts weder Streß noch andern Ärger.
Ein wenig Gras nur braucht der Sachse
und er kapiert die Parallaxe.
Zum Kiffen beugt sich der Westfale
tief über seine Räucherschale.
Zu kompliziert, meint da der Hesse,
'mer tun des Zeug ganz einfach fresse!
Ganz ähnlich streut der echte Bayer
den Hanf auf seine Spiegeleier.
Wenig Umständ macht der Friese
und kaut das Kraut gleich auf der Wiese.

Gibt man ihm Haschisch, sagt der Franke
schlicht und ergreifend einfach Danke!
Den Rausch des Hanfs liebt auch der Pfälzer,
denn er erspart ihm Alka-Seltzer.
Seltsam ist es, daß der Pommer
im Winter nie kifft, nur im Sommer;
wo hingegen doch der Schlesier
raucht wie ein Turkmenen-Wesir!
Ich kiffe nie! lügt der Sudete
auf dem Weg zur Haschisch-Fete.

Seit hundert Jahren nimmt der Preuße
Hanföl nicht nur gegen Läuse.
Bekifft wird auch der Großberliner
so höflich wie zwei Kirchendiener!
Kurz, man sieht, daß die Teutonen
Hanf verehr'n in allen Zonen,
und von der Ostsee bis zur Eifel
gibts darüber keinen Zweifel.
Nur eine Ausnahm' kennen wir:
Die CSU. Die steht auf Bier.

Stilvoll hascht Monsieur Franzose:
Er schnupft geziert aus seiner Dose.
Dank Hanf erduldet der Bretone
die Rauheit seiner Küstenzone.
Mit Gras verschwindet, glaubt der Flame,
die Sprödheit seiner Herzensdame!
Den Shit verstaut der Niederländer
stets in seinem Fahrradständer.
Wie kommt es nur, fragt sich der Däne,
daß ich nach jedem Joint gleich gähne?

Vor jeder Tüte hält der Schwede
erst eine feierliche Rede.

Aus Hanf! erklärt uns der Norweger
und zeigt auf seine Hosenträger.
Wird es kalt, betäubt der Finne
mit Haschisch seine sieben Sinne.
Am liebsten kifft der echte Lette
mit sich selber um die Wette.

Hanfski besser als viel Kohle!
äußert sich der Nachbar Pole.
Nur im Land der reichen Schweizer
gibts den Beruf Hanf-Oberheizer.
Vage sind die Österreicher
und Um-den-heißen-Hanf-Rumschleicher.
Ist er breit, fühlt der Tiroler
sich etwa zweieinhalbmal wohler.

Der Spanier, stolz und braungebrannt,
hat stets sein Pfeifchen in der Hand

und darin eine kleine Prise.
Genauso machts der Portugiese.
Probier mal! sagt der Katalane:
Cañamo – allererste Sahne!
Im Durchschnitt braucht der Italiener
fürs Gras pro Woche zwei Pfund Zehner.
Well, ich gern mit Hemp relaxe!
untertreibt der Angelsachse.
Riecht er Shit, dann kommt der Schotte
neugierig aus seiner Grotte.
Ein Gramm Gras, so schwört der Ire,
ersetzt ein halbes dutzend Biere!
Seit jeher hat der gute Tscheche
für Haschisch eine große Schwäche.
Nicht anders ist es mit den Griechen,
die allzu gerne daran riechen,
und fragt man einen echten Inder,
sagt er: Rauchen schon die Kinder!
Ernsthaft meint der Zypriot:
Ohne Hanf wär ich längst tot!
Den Deutschen rät der weise Syrer:

Wer Haschisch raucht, braucht keinen
Führer!
Unentbehrlich für die Liebe!
Kichern Herr und Frau Karibe.
Ratet mal, sagt der Chilene,
nach welcher Pflanze ich mich sehne!
Ein Mediziner, Panamese,
meint: Hanf verwirrt die Anamnese!

Ohne Hempum tief in Patsche!
brummt verdrossen der Apache.
Zehn Dollar will der Ghanaese
für ein Pfund Tops der ersten Lese.
Vertraulich murmelt der Afghane:
Vom Haschisch kriegst du keine Fahne!
Hat er kein Gras, kriegt der Kosake
vor Wut fast eine Herzattacke.
Von dem Scheitel bis zur Sohle
hanfgekleidet: Der Mongole!
Fünfzigmal nimmt der Kirgise
täglich eine kleine Prise.
Grinsend sagt der Fillipino:
Am besten törnt das Zeug im Kino!
Vor jedem Zug flucht der Malayse
auf die hohen Haschischpreise.
Zu Haschisch weiß selbst der Chinese
keine rechte Antithese.
Wer ist der Herr im Kimono?
Ein bekiffter Eskimo!

HANF STATT KOHL

Karl, der der Große ward genannt,
wurd durch ein Gesetz bekannt,
das Bauersmann und Bauersfrau
verpflichtete zum Hanfanbau.

Bei den Steuern für den Staat
galt des Hanfes frische Saat
so gut wie Gold und harte Währung –
das nenn ich Cannabis-Verehrung.

Daß freilich Kohl der Dicke heute
einsperrt alle kleinen Leute,
wenn sie ein wenig Hanf dabei,
nenn' ich schlicht 'ne Sauerei.

Und dumm dazu, weil furchtbar teuer
die Keller, Kerker, Knastgemäuer,
statt Haschisch-Steuern einzuziehn,
treibt er den Haushalt zum Ruin.

DER BUNDESHANFMINISTER RÄT

Aus langer Jahre Hanf-Erfahrung
hier eine ernst gemeinte Warnung:
Wer Probleme löst mit Drogen,
hat stets den kürzeren gezogen!

Haschisch löst keine Probleme,
es verstärkt nur die Extreme.
Vor Dingen, die dich runterziehen,
kannst du damit nicht entfliehen.

Bist du down bringts dich noch schneller
runter in den Stimmungskeller,
bist du einsam, leer und lasch,
wird dies stärker noch durch Hasch.

Bist du dagegen froh und heiter,
hebt Cannabis die Laune weiter,
und mit wachsendem Gewinne
schärft es deine sieben Sinne.

Auch wenn das Gras nicht süchtig macht,
gib auf die Gewohnheit acht!
Mit Maß und öfter einer Pause:
Das verspricht die beste Sause!

Auch merke dir, und merk dir wohl:
Zu Haschisch paßt kein Alkohol!

IMPRESSUM

Wir, die beiden Hanfautoren,
wir behaupten unverfroren,
daß dieses Buch, mit Hanf erdacht,
sozusagen über Nacht
aus einem winzigkleinen Keim
in wildem Ringen mit dem Reim
entstand, wobei, das schwören wir,
nichts half als Hanf und Hanfpapier
und ein Bleistift, nur ein kleiner,
allerdings für jeden einer.
So schrieben wir in aller Eile
zusammen Zeile hinter Zeile,
alles sorgsam im Duett,
bis das ganze Buch komplett.
Ein jeder von uns mußte nur
nachher zur Entreimungskur,
um unsre Sprache, unser Denken
in ungereimte Bahn zu lenken.
Ein einz'ger Wunsch bleibt uns auf Erden:
Mit diesem Buch stinkreich zu werden.

Doch: Ist das wirklich alles wahr,
was hier vom Hanf so wunderbar
und weltumspannend ausgebreitet,
dargelegt und zubereitet?

Wir haben, um den Hanf zu loben,
manchen in den Mund geschoben,
was sie so nicht wirklich sagten,
beziehungsweise es nicht wagten.
Manches wurd dazu erfunden,
um ein bißchen abzurunden,
der Kern jedoch und die Substanz
ist wirklich wahr und voll und ganz
auf vielen Seiten nachzuschlagen
mit Daten, Fakten, Jahrestagen,
in jenem Buch der Hanf-Verehrer
Mathias Bröckers und Jack Herer*,
das diese Pflanze neu entdeckt,
ihr großes Potential geweckt,
und aller Welt verkünden tat,
was sie an diesem Rohstoff hat.

*»Die Wiederentdeckung
der Nutzpflanze Hanf«, Zweitausendeins.

MERKE:

Mehr als alles in der Welt
nützt Hanf in Zeiten ohne Geld!
Geld ohne Hanf ist nicht zu brauchen,
denn man kann es ja nicht rauchen!

Als Plakat (Format A1) erhältlich
in allen HanfHäusern und im Versand:
HanfHaus GmbH, Waldemarstraße 33,
10999 Berlin; Tel. 030-614 98 84.
Fax 030-614 29 11